RÉPONSE

A SATAN

AU SUJET DE

M. PROUDHON

PAR

L'ARCHANGE SAINT-MICHEL.

PRIX : 5 CENTIMES.

PARIS

IMPRIMERIE DE A. LACOUR,

Rue St-Hyacinthe-St-Michel, 33, et rue Neuve-Soufflot, 11.

—

1848

RÉPONSE

A SATAN

AU SUJET DE

M. PROUDHON.

Jusques à quand , ô Satan , espères-tu persécuter impunément les enfants du vrai Dieu; tu as revêtu toutes les formes pour établir ton empire sur la terre; maintenant tu crois ta puissance assez solidement fondée pour oser te révéler sous ton vrai nom; car c'est toi qui suggéras, à un pamphlétaire égaré par tes inspirations perfides, l'étrange pensée de signer ton œuvre, qu'il croyait sienne, de ton nom maudit.

C'est au nom de la morale que tu accuses et calomnies l'un des plus généreux défenseurs des droits du peuple; c'est au nom de la justice que tu soutiens le privilége; c'est au nom de la vérité que tu propages l'erreur !

C'est parce que Proudhon vient, comme l'ange ex-
terminateur, saper tes autels et jeter l'anathème sur
tes doctrines impies, c'est parce qu'il veut démolir le
temple d'iniquité que tes adhérents ont élevé au veau
d'or, que tu l'accuses d'insulter et de nier Dieu.

Mais il est temps que la lumière se fasse et dissipe
les ténèbres que tu répands à dessein sur la terre
pour faire dévier l'humanité de la voie providentielle.
Je viens dévoiler ta vie et tes œuvres et annoncer à
tous que la fin de ton règne est proche.

Quelques milliers de révolutions du soleil de ton
système terrestre nous séparent à peine, ô Satan, de
ces temps heureux où tu habitais parmi nous, ange
de lumière, ainsi que l'indique ton nom primitif;
(Lucibel), tu parcourais librement les myriades de
sphères brillantes soumises à ta direction, et où vi-
vaient heureuses d'innombrables phalanges d'enfants
de Dieu.

Tous enfants de Dieu, nous sommes tous frères,
tous égaux quoique divers, tous libres parce que nous
acceptons librement et avec amour la direction providentielle.

Mais tu voulus manifester la puissance de ton libre

arbitre en suivant une voie opposée; ange de lumière, tu devins l'esprit des ténèbres, et lorsque après un combat solennel, où tu fus terrassé par moi, selon la volonté du Très-Haut, et chassé des cieux où tu voulais régner, tu vins sur la terre fonder ton empire, et luttant encore contre la loi de Dieu, t'opposer constamment à la régénération de ceux que tu as entraînés dans ta révolte et dans ta chute.

C'est en interprétant d'une manière fausse et impie les traditions saintes et les enseignements du Christ, que tu as entraîné le genre humain dans les voies subversives de l'erreur et de la souffrance.

C'est en interprétant faussement et d'une manière impie les dogmes de la chute, de l'expiation et de la rédemption que tu as trompé l'homme, ange déchu et transformé, sur la voie qu'il doit suivre afin de reconquérir ses glorieux priviléges et d'arriver au bonheur pour lequel il a été créé.

La chute, c'est la déviation à la loi d'amour, de fraternité et de solidarité, à la loi du travail par laquelle tout être intelligent doit développer et féconder les facultés dont il est doué; et tu sais bien que Dieu a mis dans le domaine de l'homme l'arbre de la science du bien et du mal, c'est-à-dire, la connaissance de la vérité et le libre arbitre, afin de lui inspirer le désir d'acquérir la science et la liberté; mais il l'avertit en même temps qu'il mourrait de mort s'il mangeait du fruit de cet arbre qu'il n'avait pas planté et cultivé, afin de lui enseigner que nul ne doit posséder ce qu'il n'a point acquis par le travail.

Mais toi qui es le tentateur, tu vins encore égarer l'homme en lui persuadant que Dieu lui a défendu d'acquérir la science et de jouir de sa liberté. C'est en l'excitant à opprimer la plus sainte moitié de lui-même que tu fis naître dans son cœur l'égoïsme et l'esprit de domination, afin d'étouffer en lui le germe de l'amour divin et le sentiment de la fraternité.

Dieu, dans sa prévoyance infinie, avait préparé les voies de la régénération. Il donna la terre à l'homme comme instrument de travail, et ne permit pas qu'elle produisît d'elle-même, et sans culture, ce qui est nécessaire à la satisfaction de ses besoins, afin de lui faire comprendre qu'il doit exercer et développer toutes les facultés dont il est doué pour acquérir la connaissance de la nature et des propriétés de tous les êtres et de toutes les choses, et les transformer selon ses besoins et ses désirs. En donnant à l'homme la mission de soumettre toutes les puissances de la nature, de conquérir la souveraineté du globe terrestre et de se l'approprier par le travail, Dieu unit tous les membres de la grande famille humaine par un lien puissant de solidarité, car cette œuvre immense ne peut être accomplie que par le genre humain tout entier marchant avec harmonie vers un même but. Ce n'est que lorsque tous les hommes auront acquis dans leurs transformations successives le développement le plus complet de toutes leurs facultés physiques, intellectuelles et morales qu'ils seront parfaits, c'est-à-dire heureux. Mais l'œuvre de la régénération sera incomplète et nul ne sera heureux tant qu'il y aura un seul être incomplet et souffrant sur le globe.

Ainsi la loi d'expiation c'est la loi de solidarité et d'association, c'est la loi du progrès. Dès l'enfance de l'humanité, dieu a envoyé, suivant le besoin des temps et des lieux, des prophètes et des législateurs pour diriger l'humanité et la ramener vers la voie providentielle.

Mais toi, ô Satan, qui voulais régner sur la terre, comme tu avais voulu régner dans les cieux, tu as employé tous les moyens que te suggère ton génie infernal pour substituer ton culte au culte du vrai Dieu; tu as suscité des faux prophètes et des tyrans qui vinrent étendre le voile de l'ignorance et de la superstition sur les vérités éternelles, et persuader au peuple que Dieu l'a comdamné à vivre pour souffrir; la fraternité et la sainte égalité furent exclues de la terre par des lois oppressives et injustes, l'ordre naturel fut renversé, les oppresseurs, les faux docteurs et les oisifs furent placés aux premiers rangs, et les travailleurs successivement, esclaves, serfs et prolétaires, relégués dans les derniers rangs de la société, privés des moyens de développer toutes leurs facultés et réduits à lutter sans cesse contre toutes les misères qui naissent d'une organisation sociale subversive.

Mais ton plus grand crime, ô Satan! c'est d'avoir accompli ton œuvre impie au nom de Dieu et d'avoir ainsi excité ses enfants à douter de son amour, de sa justice et de sa puissance.

Dieu, le vrai Dieu, veut que tous les hommes soient frères, égaux et libres; il les a créés pour être heureux. Il a donné la terre à toutes les générations présentes et futures comme un bien commun, dont le produit doit nourrir tous ceux qui l'habitent. Et tu as fait naître la discorde et la haine, l'inégalité et l'esclavage, en constituant la propriété sur le droit du plus fort, sur le hasard de la naissance et sur l'exploitation de l'homme par l'homme.

Tu accuses Proudhon, ce courageux défenseur de la fraternité, parce qu'il a ôsé dire que la propriété est un vol.

La propriété, qui doit être basée sur une équitable répartition des produits du travail, n'est-elle pas, en effet, telle que tu l'as constituée, une spoliàtion du bien commun au profit de quelques privilégiés? Et c'est avec de l'or, arraché aux entrailles de la terre par de laborieux mineurs, qui ne recueillent, pour prix de leurs travaux, que des souffrances et la misère; c'est avec de l'or transformé en une valeur de convention que les élus du privilége, égarés eux-mêmes par tes ruses infernales, s'imaginent avoir le droit d'acquérir ce qui appartient à tous.

C'est avec de l'or, souvent acquis par de funestes spéculations, sources de ruine et de misère pour le peuple, qu'ils se procurent, non-seulement ce qui est nécessaire à la satisfaction des besoins de la vie, mais les joies et les fêtes, qui doivent être le prix du travail, la récompense et le délassement du travailleur, et la communion du peuple avec ses frères et avec Dieu, par l'expansion et le bonheur.

Tu as ainsi réduit l'humanité à végéter sous le joug de la misère et de l'ignorance qui produisent la corruption ; tu as mis tous les intérêts en lutte, basé toutes les institutions sur la guerre, sur le privilége, sur l'exploitation de l'homme par l'homme, et organisé la société en sens inverse de la fraternité, de l'égalité, de la liberté et de la justice, et tu nommes, par la voix de tes faux docteurs, cet affreux chaos une société constituée par Dieu !

Mais c'est toi qui es le Dieu créateur de cette organisation subversive ; c'est donc de toi que Proudhon a parlé, quand il a dit : *Dieu* (le Dieu du mal) *est essentiellement hostile à notre nature.* Cette divinité hostile à notre nature, c'est toi, Satan ! toi, le prince des ténèbres, qui veux éteindre la lumière naturelle que le vrai Dieu fait rayonner dans toutes les âmes, et arrêter l'essor des plus nobles facultés de l'homme ! C'est toi qui *interdis la science, le progrès, le bien-être,* en ôtant à la partie la plus nombreuse de l'humanité les moyens d'exercer et de développer les dons que Dieu a faits à tous les êtres intelligents, en les créant à son image. Dieu, le vrai Dieu, veut que tous soient heureux, puisqu'il a mis dans toutes les âmes une ardente aspiration vers le bonheur et la liberté.

Mais l'instant s'approche, ô Satan ! où le mystère de la Rédemption sera dévoilé ! où tu seras terrassé de nouveau et vaincu par la puissance de l'amour infini, lorsque les hommes comprendront que tu as faussement interprété les enseignements du Christ.

Il est venu pour délivrer l'humanité de ton joug et a enseigné à tous le renoncement aux biens de la terre et aux joies de la vie, comme le moyen de réconcilier tous les hommes et de leur faire comprendre la sainte loi de solidarité qui doit relier tous les membres de l'humanité dans l'harmonie, mais qui les frappe dans le désordre, parce que l'humanité est comme un corps qui est en souffrance, quand un seul de ses membres est souffrant. Or, il révèle ainsi, aux élus de la fortune et aux puissants de la terre, que toutes les joies et les pompes dont ils s'enivrent, tandis qu'un si grand nombre de leurs frères gémissent dans l'esclavage et dans l'affliction, sont de fausses joies et de funestes illusions ; que tous les trésors qu'ils possèdent sont des trésors d'iniquité , parce que nul ne doit s'approprier les biens de la terre, tant qu'il y a un seul de ses frères privé du nécessaire.

Il exhortait les faibles, les pauvres et les souffrants à ne point porter envie aux joies trompeuses et aux trésors d'iniquité de leurs oppresseurs, non pour leur apprendre à mépriser les dons de Dieu, mais afin qu'ils ne devinssent pas semblables à ces prévaricateurs de la loi divine, en s'emparant par la violence de ce qu'ils possédaient.

Les privilégiés et les puissants de la terre, inspirés et dirigés par toi, veulent persuader au peuple que le trésor du ciel est promis à ceux qui souffrent, en compensation des joies de la vie ; mais ils témoignent, par leur ambition et leur cupidité, par leur soif immodérée des plaisirs et des jouissances du luxe, qu'ils ne croient point à cette promesse et qu'ils s'en servent comme d'un leurre, afin d'asservir le peuple sous le joug de la misère ; mais le flambeau régénérateur de la science sociale a projeté sa lumière sur tes impostures, et le peuple sait maintenant que, pour mériter ce trésor du ciel promis à tous, il doit tra-travailler sans cesse à sortir de l'esclavage, de la misère, de l'ignorance et de la corruption.

Ce trésor du ciel qui est le règne de Dieu sur la terre, le règne de la fraternité et de l'harmonie uni-verselle, ne peut s'acquérir que par le développement le plus complet de toutes les facultés dont le père céleste a doué tous ses enfants, il est promis à tous, et tous l'obtiendront, quand ils auront compris que nul ne peut être parfait, c'est-à-dire heureux tant qu'il existe des êtres souffrants.

Et l'œuvre de la rédemption ne sera accomplie que par la réparation et la réconciliation.

Tu as persuadé aux élus de la fortune qu'ils ne doivent aux déshérités des biens de la terre que l'au-mône qui dégrade et flétrit, mais le Christ a dit : *Si vous voulez être parfait, allez, vendez vos biens et les dis-tribuez aux pauvres.* Il ne demande point aux riches une faible part de leur superflu, mais tout ce qu'ils possèdent, afin de leur faire comprendre que ce n'est point un don qu'ils font à leurs frères, mais une resti-tution.

Et c'est une restitution, parce que celui qui possède

ne doit pas oublier que sa fortune, de quelque manière qu'il l'ait acquise, ne lui appartient pas complètement, parce que ce n'est pas lui qui en a créé la source. Dieu seul crée les matières première et donne à l'homme l'intelligence et les facultés nécessaires pour les employer selon ses besoins ; et sa volonté est que tous et chacun de ses enfants participent aux dons qu'il a faits à tous et à chacun. Enfin l'homme ne peut acquérir et posséder qu'avec l'aide des progrès accomplis de l'éducation qu'il a reçue et des avantages que lui procure l'organisation sociale.

Donc la société doit être organisée de manière que tous ses membres puissent profiter des progrès accomplis, développer toutes leurs facultés, et acquérir par le travail le droit de posséder.

Mais, dans une société constituée sur le privilége où le plus petit nombre possède la terre, les maisons, et toutes les grandes exploitations industrielles, et refuse à ses frères de la classe la plus nombreuse le droit au travail, la propriété est une spoliation.

Ainsi, ô Satan ! Proudhon a eu raison de dire la propriété est un vol, la charité est une mystification : charité signifie amour et dévouement, et tu veux y substituer l'aumône qui humilie, l'aumône que le peuple repousse; car il a inscrit sur son drapeau : *Vivre en travaillant ou mourir en combattant.* Il a eu raison de dire que la justice que tu as instituée est infâme; elle est aveugle; elle est impie, puisqu'elle punit celui qui prend un pain pour sauver ses enfants des horreurs de la faim, et qu'elle protége les honteuses spéculations de ceux qui ruinent le peuple et le réduisent à la misère; puisqu'elle protége les tyrans qui oppriment ceux qui ne demandent à vivre qu'en travaillant.

Proudhon, le généreux citoyen qui a eu le courage de protester contre les doctrines impies de Malthus et de Thiers, tes fidèles adhérants, Proudhon *a brisé ton trône et renversé tes autels.* Il s'est montré le serviteur du vrai Dieu en dévoilant tes iniquités.

Les temps sont venus, Satan, ton règne va finir. L'humanité, lassée de souffrir, cherche la lumière et veut le bonheur.

Les privilégiés eux-mêmes commencent à comprendre que tu les a trompés, et qu'il n'y a pas de joies réelles, de possession assurée, ni de sécurité possible dans l'injustice.

Et cette lutte effroyable de la haine et de l'envie, de l'égoïsme et de la peur, cessera quand le soleil de la vérité se lèvera sur tous, et comme des frères qui, s'étant rencontrés dans les ténèbres, combattent les uns contre les autres, ils seront remplis de confusion et comprendront que le temple de la Fraternité ne peut être fondé sur des bases sanglantes ; ils entreront dans les voies de la réparation.

Tous les priviléges de *sexe*, de race, de naissance, de caste et de fortune seront abolis. Ils reconnaîtront que tous ont le même droit à l'éducation, au travail, aux joies de la vie, au repos et au bonheur. Et sachant que dans leurs transformations successives, depuis l'origine du monde, ils ont été tour à tour oppresseurs et opprimés, ils se pardonneront les uns aux autres. Cette réconciliation sera le gage du salut de l'humanité, et l'aurore du règne de Dieu, de la fraternité et de l'harmonie universelle.

L'ARCHANGE SAINT MICHEL.

www.ingramcontent.com/pod-product-compliance
Lightning Source LLC
Chambersburg PA
CBHW071701030726

47598CB00005B/2168